TOULOUSE-LAUTREC

NOTE, PAR ARSÈNE ALEXANDRE

SUR LES

VINGT-DEUX DESSINS AUX CRAYONS DE COULEUR

AU CIRQUE

D u tragique aux apparences riantes…! C'est un des vrais aspects de la vie… J'ai rarement passé des heures plus charmantes, plus gaies, mieux remplies des séductions de la nature et des caprices de l'esprit que lors des visites que je fis à Lautrec dans la maison de santé où il était en traitement, cependant que sur le boulevard il passait pour fou.

Un fou ! Une maison de santé ! Évocations lugubres, mots effroyables ! L'imagination entrevoit tout de suite des cellules, des cours sinistres, tout l'attirail des douches et des camisoles de force, et, se démenant dans cette horreur, des damnés aux gestes incohérents, aux cris inarticulés, à la face convulsée…

J'avais un peu cette impression avant d'aller voir notre camarade : je pensais voir un Goya ; je fus admis à vivre dans un Watteau.

Tout d'abord nous fûmes introduit, après avoir goûté la belle apparence d'une confortable demeure suburbaine, dans un salon aux merveilleuses boiseries du xviiie siècle, aux parquets précieux, aux fenêtres s'ouvrant sur un parc ensoleillé et luxuriant. Et puis voici qu'on nous vient dire que « Monsieur de Toulouse-Lautrec nous attend ». Cela a tout à fait grand air… Notre ami est fort gai ; son feutre gris rabattu sur les gros yeux malins n'a jamais abrité meilleure mine, expression plus paisible et plus futée. Il est en verve. Il nous fait les honneurs de sa chambre transformée en atelier, encombrée de dessins, de matériel de toute sorte. La seule chose peut-être qui différencie son accueil de naguère, c'est que, dans ce domaine Régence où il était soumis à un régime salutaire mais un peu strict, si dès l'abord, grâce aux dessins que nous vîmes, nous fûmes soudain transportés dans l'atmosphère des cirques, rien ne nous rappela celle des bars.

Après la causerie dans cet atelier improvisé autant que laborieux, — on en verra tout à l'heure la preuve, — c'est la promenade dans les bosquets, la joie de disserter, dans un air léger et parfumé, sur les belles choses que nous aimons, sur les gens ridicules que nous méprisons; de faire des projets de collaboration « à la rentrée »; de s'extasier sur les deux admirables statues de Pajou qui ornent un coin de ce décoratif séjour, les deux mêmes chefs-d'œuvre qui sont maintenant l'orgueil du Pavillon des Muses et la fierté de Robert de Montesquiou; enfin de dire de ces mille *folies* que précisément ne disent pas les fous.

— Mais alors, la folie de Lautrec... ?

— Attendez, nous y arrivons. Avant de prendre congé, nous retournons dans sa claire et gaie chambre blanche (et nous y sommes retournés souvent), pour revoir plus attentivement ses derniers travaux. Et ce sont les scènes de cirque que l'on vous présente aujourd'hui, qui sont une de ses plus curieuses œuvres, et qui furent exécutées entièrement de mémoire, sans documents, sans croquis préalables, sans notes, points de repère ou jalons d'aucune sorte, c'est-à-dire un véritable prodige d'intelligence plastique, une de ces tentatives que beaucoup d'artistes, en effet, déclareraient « folles », étant incapables de les mener à bien. Composition, caractérisation des types, humour, largeur dans l'exécution, tout ce qui faisait le talent de Lautrec, tout s'y trouve, ou s'y retrouve, dans ces dessins où certaines exagérations des proportions viennent parfois justement attester la sincérité et la volonté de cet effort, le triomphe de cette mémoire, l'intégrité de ces facultés de peintre. Dessins d'un fou? Dessins d'un fou, certes, mais dans le sens où le prenait Hok'saï lorsqu'il s'intitulait lui-même « le vieillard fou de dessin ». Mais, en dehors de cela, œuvre d'un homme qui ne s'est jamais mieux porté.

Au reste, l'intelligence de Lautrec fut toujours absolument intacte et vive. Hélas! loin d'avoir les consolations visionnaires, les bonheurs imaginatifs des fous, il vit toujours trop lucidement; il vit trop les gens et les choses, et la vie, et lui-même, comme tout cela était, et c'est pour échapper à cette trop grande clairvoyance qu'il chercha les paradis artificiels. Ils lui furent, comme ils le sont toujours, funestes, mais ils n'altérèrent jamais, dans les moments de travail, ni sa verve, ni son acuité de vision, ni la fermeté de sa main.

... Cependant il convient de dire que la villégiature de « Madrid-les-Bains », ainsi qu'il appelait plaisamment son séjour rocaille, finit par l'ennuyer une fois qu'il en eut bien goûté les élégances et les verdoyantes harmonies. Un article qu'il me pria de faire, et que je fis volontiers pour lui plaire, et parce que je vis en ce moment, en conscience, avantage pour lui à son changement d'air, amena son plus rapide élargissement. Il est regrettable, certes, de dire que la vie aiguë de Paris et le reste, prirent de véhémentes revanches, et douloureux de rappeler qu'ils abattirent en plein talent, en pleine raison, ce pauvre petit homme et ce pauvre grand artiste.

Quand je les ai revues ces réminiscences du cirque qui nous occupèrent et nous amusèrent tant à ces heures de repos et de travail, à ces heures « tragiques sous des apparences riantes... » comme tant d'heures de la vie, j'ai retrouvé toutes mes raisons d'aimer et d'admirer Lautrec. J'ai constaté de nouveau le large style de son dessin, la justesse de son observation que rien ne dépiste, la valeur incisive de son accentuation, et il m'a semblé même que par le recul des années déjà écoulées, ces feuillets avaient gagné en signification et en exemple. Ils tranchent tellement sur la moyenne de l'illustration courante, sur les médiocres à peu près et les illusoires synthèses, qu'ils nous donnent des motifs de plus, — outre ceux de l'affection trop tôt ravie d'un délicieux et malheureux compagnon, — de regretter cet artiste de grande race.

TOULOUSE-LAUTREC

AU CIRQUE

VINGT-DEUX DESSINS

AUX CRAYONS DE COULEUR

Goupil & Cie

ÉDITEURS-IMPRIMEURS

MANZI, JOYANT & Cie, ÉDITEURS-IMPRIMEURS, SUCCESSEURS

PARIS

24, boulevard des Capucines

LONDRES   BERLIN   NEW-YORK

25, Bedford Street   *28, Französische Strasse*   *170, Fifth Avenue*

1905

TOULOUSE-LAUTREC

AU CIRQUE

VINGT-DEUX DESSINS AUX CRAYONS DE COULEUR

1 — Jockey.
2 — Clown dresseur.
3 — La Dresseuse d'animaux.
4 — Cheval et Singe dressés.
5 — Éléphant en liberté.
6 — Travail de l'Ours sur le panneau.
7 — Clownesse.
8 — Travail de tapis.
9 — Entrée en piste.
10 — Danseuse de corde.
11 — Chevaux en liberté.
12 — Cheval pointant.
13 — Le Trapèze volant.
14 — Le Pas de deux.
15 — Haute École. — Le Pas espagnol.
16 — Écuyère de haute école. — Le Pointage.
17 — Écuyère de haute école. — Le Salut.
18 — Écuyère de haute école. — Le Tandem.
19 — Voltige.
20 — Travail sans selle.
21 — Écuyère de panneau. *(Elle est gentille, la demoiselle.)*
22 — Le Rappel.

Madrid Pâques 1899
à Arsène Alexandre
souvenir et une cordialité Toulouse-Lautrec